내 머릿속에서 추출한 사소한 목록들

오두섭 시집

시인동네 시인선 150　　　　　　　　오두섭 시집

내 머릿속에서 추출한 사소한 목록들

시인동네

시인의 말

내 머릿속을 기어이 한번 들여다봐야 했다.

저 안에 어떤 것들이 우글거리고 있는지, 삶이라는 괴물은 어떻게 생겨먹은 부산물을 끌어 모아다 놓았는지

별 모양의 열쇠 하나 움켜쥐고 나뭇가지를 타고 올랐다.
한 줄기 바람이 녹슨 자물쇠의 틈새를 긁고 지나갔다.

"뭐가 보여?"
"아직"
"그냥 내려오기만 해 봐라!"
그 말에 놀라 아래를 내려다보다가 그만 나뭇가지가 부러지고 말았다.
"뭐야, 너는 어디로 떨어졌어?"

다행히 심연에 빠져버린 듯했다.

2021년 이른 봄 안개 속
오두섭

차례

시인의 말

제1부

눈 내리는 감염주의보 · 13
시간은 마디를 가졌다 · 14
가리키는 손 · 16
59초 전 · 18
숨소리 · 20
비 온 뒤 · 21
사용설명서의 사용설명서 · 22
내 안의 고요 · 24
혹은 역방향이거나 · 26
허공을 팠다 · 28
돌은 돌 · 30
책 읽는 여인 · 33
단추의 눈 · 34
틈새를 찾아라 · 36
덧니와 뼈라 · 38

지붕의 두 사람 · 40

길 위의 두 사람 · 42

제2부

우표 · 45

타인의 삶 · 46

포커페이스는 없다 · 48

뒷모습 · 50

실종에 관한 또 다른 논증 · 52

사람들 · 55

내 머릿속에서 추출한 사소한 목록들 · 56

'~的'이란 · 58

눈물이 싱거워질 때까지 · 60

캐리어에 끌려가는 삶 · 64

각(刻) · 65

안개, 영화를 찍다 · 66
그날 펜션에서 눈 속에 파묻은 진술들 · 68
총성 직전 · 70
잊힌 동화 · 72
제목을 붙일 수 없는 · 75
망치로 얻어맞았다니 · 76
시간 속에 빠뜨린 반지 · 78

제3부

숯덩이 얼굴 · 81
생존을 위한 방법론 · 82
이별은 제동거리가 길다 · 84
사진 1943 · 86
식물인간이라니 · 88
집 한 채 · 89

서랍이 열리고 나면 · 90

흐린 날 · 92

지척에 만든 고향 하나 · 94

매달린 삶 · 95

뱀은 나타나지 않았다 · 96

중계소에서 · 98

삶에게 묻다 · 100

알레르기 · 102

사월 어느 밤에 · 103

흐느끼는 여인 · 104

나무에는 길의 유전자가 있다 · 106

이제 떠나려 하네 · 108

해설 견인주의자의 초상 · 109
오정국(시인·한서대 교수)

제1부

눈 내리는 감염주의보

간밤에 나뭇가지들이 창문을 두드렸답니다.
눈 내리는 바깥을 물끄러미 내다보았을 뿐이랍니다.
밤새 불그레한 커튼이 풍경을 가리고
보랏빛 고양이가 울어댔다고 합니다.
후두에는 하얀 가시들이 박히고
목구멍은 안단테와 알레그로를 감금시켰을 겁니다.
가슴은 뻥 뚫려 공기를 압축시키지 못할 것입니다.
주말 공연을 환불한 프리마돈나 Q는 백신을 거부 중이며
환각 여부는 아직 알려지지 않고 있습니다.
우주에서 수십 광년 날아와 눈송이로 침투하는
미확인 우주요정(UFE)의 소행임이 밝혀졌는데요.
삼류 시인을 비롯해 화가 만화가 단역배우 SF작가 게이머 등등
각기 다른 증세를 보이는 것 또한 미스터리한데요.
이들 중 시인 몇은 자신의 종적을 지워버리기도 했다지요.
그 행성에서 지구인의 특정 영혼을 수집해 간다는
충격적 소문이 쏟아지는 오늘밤,
당신의 텅 빈 영혼을 한번 살펴 보심이.

시간은 마디를 가졌다

뚝뚝 잘려지는 마디가 몸 어디에 붙어 있는 게 분명하다.
시간은, 날개를 달았을 뿐인데

그 날개인 듯
창문을 뚫은 햇빛을 타고 들어와 내 앞에 툭 떨어진 벌레 한 마리

파르르, 불시착의 날개를 접고는 꿈쩍 않는다.
등딱지가 꽤 무거워 보인다.

그러고 보니,
여러 개의 팔다리와 무척이나 민감한 촉수, 숨 가쁜 핏줄들
하지만 후진하는 날개는 없는 낌새다.

불현듯 내려다보니,
햇빛의 울타리가 아까보다는 조금 좁혀진 듯하다.
내 쪽에서는, 분명 차 한 잔 데워질 무렵

저 벌레는 아직껏 햇빛 위에 그대로다.

내가 못 본 사이 몇 걸음 걸어갔던 것. 햇빛을 따라갔거나, 아니면 피해갔거나,

자기 생의 한 고비를 가까스로 넘겼을 시간

내가 졸음에서 다시 책갈피를 여는 오후 2시쯤

가리키는 손

당신이 나를 가리킨다
방아쇠를 당기는 손가락으로

나는 그때마다 당신의 사정거리 안에 있었다

눈곱 낀 눈, 비듬 수북한 어깨, 종종 닫히는 것을 잊어버린 허리띠 아래쪽을,
  소소한 부위를 한 땀 바늘로
  나의 온전한 전부를 찌르는 당신

당신이 가리키는 손은 때때로 저 먼 데로 날아간다

내 뒤를 밀고 오는 먹구름, 저 앞에 웅크리고 있는 벼랑, 비바람 몰아치는 창밖, 한 치 앞에 숨은 물웅덩이들……,

이따금 당신과 산책하는 나뭇가지에 걸린 달무리로

순간마다 나는 어리둥절해졌고,

이내 조금씩 조금씩 나는 고분고분해졌다

당신의 손끝에는 나에게만 영험한 무엇인가

언제나 나를 향해서 피어나는 저 꽃들

오늘 저문 거리에서 사방을 두리번거리면서
수많은 손의 당신들을 떠올린다

59초 전

초음속으로 골목을 튕겨 나온 헬멧이 눈을 찔끔 감는다
차선을 이탈한 바람들의 황급한 U턴
구제 옷들이 호객을 접고 가게 안으로 뛰어들고
하늘은 준비를 끝냈는지 검은 장막을 내리고
깨진 청동을 거칠게 두들긴다
길거리로 내려와 노란 우의 걸친 먹구름 하나
마이크를 버리고 우산을 포착하는 기상 캐스터
종종걸음 풀어놓고 가속페달에서 발을 떼는 마을버스
수업을 끊고 도망간 아이들의 횡단보도가 퀭하고
침구가 베란다에서 낮잠을 깨는 동안
연신 그넷줄을 당기는 선탠 끝낸 빨래들
1등 당첨금을 초 단위로 밀어내는 LED에서
관절을 뚝뚝 꺾는 실시간 숫자들
없어진 땡볕에 앉아 복숭아씨를 까는 파리떼
갑자기 하수구 안이 고요해졌다
이층 창가를 훔쳐보고 있던 플라타너스가
마른버짐 핀 허벅지를 벅벅 긁어대는데
신호등의 꼬리를 추돌하고 좌회전하다가

느닷없는 먹구름 앞에 급정거하는 바퀴들
신문지를 놓쳐버린 노숙자가
차도로 부리나케 뛰어들고 있다

숨소리

세상에서 가장 이상한 소리
가장 불가사의한 소리
이따금 영혼의 관을 통과해 나오는 소리
세상에서 가장 경이로운 소리
다음 소리를 예고하고 나오는 소리
세상에서 가장 고요하고 가장 시끄러운 소리
눈물이 흘러내리는 소리
다른 사람과 뜨겁게 섞일 수 있는 소리
세상에서 가장 가볍거나 가장 가볍지 않은 소리
삶의 파장이 가장 긴 소리
드는 소리보다 나가는 소리가 더 격렬하고 거친
세상에서 가장 숨 가쁜 소리
한번 끊어지면 절대로 이어붙이지 못하는
세상에서 가장 겁이 많은 소리
물속에서는 물방울로 들리는
누가 어디에서 내는 소리인지 도무지 알 수 없는 소리
부지불식간에 끊어지고야 마는

비 온 뒤

구름이 때려주고 간 하늘 언저리에 찍힌 파란 멍 자국들
실컷 울고 나서 들여다본 거울 속 내 눈두덩
벼랑 끝에 매달린 물방울들이 속눈썹에 들러붙은 눈물의 뒤끝 같다
나뭇가지들을 말리고 나온 눅눅한 바람이 햇빛 속으로 뛰어든다
내 안에서 날아간 새 몇 마리
낙오병처럼 남은 물웅덩이에 부리를 닦고
구석진 곳에 옹기종기 모여 있던 그늘들이 등을 깔고 누웠던 골판지를 뒤집는다
아직 덜 마른 셔츠를 입고 외출한 나는
일찍 나온 석간을 펼쳐 든다
내 뒤에서 누가 잉크 냄새를 훔치고 있다

사용설명서의 사용설명서

먼저 성호라도 그어 볼 것
아직은 정체가 파악되지 않은 물체 하나
당신의 눈높이에 떠올랐다면
(UFO 출현을 검색하는 순간처럼)
나의 우주선이 부디 잘 날아가기를 빌 것
포장지 속에서 열쇠 하나 발견했다면
성급하게 끼우려 하지 말 것
(본성으로 접근하고 감성으로 도전할 것)
우리 중 어느 누구도 어떤 설명서 하나 없이
이곳에 (출시되어) 나왔으니
스스로 숨쉬기를 배우고
미로 앞에서 멈칫하는 법을 알았으니
생이 읽기 어려운 의미들로 얽혀 있으니
(목차와 머리말과 저자 소개 따위는 그냥 넘길 것)
이따금씩 고전의 꼬리말에 붙은 주해대로
세상 돌아가는 것이 느껴진다면
난해하기 짝이 없는 삶의 문법들에게
(가시처럼 박혀 있는 용어들에게)

천체 망원경이라도 들이대어 볼 것
수많은 계기판 앞에서 끙끙대는 것마저 귀찮다면
일 년에 한두 번 열릴 둥 말 둥 하는
당신의 (어두운) 서랍 한켠에다가
운석처럼 고이 잠재워둘 것

내 안의 고요

우연히 발견한 5년 전 건강검진표
안개와 연기가 교접하는 밤의 뒷골목
지휘봉이 허공에 멈춘 순간, 무대 위로 올라가려다 잡혀버린 내 기침 소리
늦게 도착한 회의장에서 마주친 사회자의 눈
과녁을 튕겨 나간 다트
영원이라는 말을 아흔아홉 번쯤 뇌까릴 때
졸다가 황급히 내려버린 막차
퇴짜 맞고 되돌아오지 않는 두 번째 시집 원고 뭉치
뒤를 힘겹게 따라오는 갯벌의 발자국
봄비 맞으며 흥얼거리는데 갑자기 쏟아지는 진눈깨비
언덕을 내려오는 눈먼 사람의 흰 지팡이 소리
마침내 흠뻑 젖어버린 신발
번개의 뒤와 천둥의 앞, 또는 그 역순
쏟아진 물이 떨어질 때까지의 우물의 깊이, 어쩌면 그 원둘레
방금 생겨난 창밖의 구름 한 조각
마이크 앞에서 들숨이 날숨을 삼켜버린 직후

고장 난 줄 모르고 세 번씩 누른 초인종
고드름 끝에 매달린 햇빛

혹은 역방향이거나

진공 속의 굉음으로 기차가 빨려들기 전이었다

역류의 물살을 타기 시작한 내가 순방향의 그 사람과 마주한 순간은

김 서린 유리창에 그려보았던 아련한 이름자를 떠올린 것도

헛기침을 하든 다리를 맞바꾸어 꼬든 나는 줄곧 창 쪽을 바라보았는데

수백 킬로미터로 달려들면서도 태연하기만 하던 저 사람

이윽고 분홍 스웨터 소매를 잡고 슥슥 지우고는

기차를 따라 달려오는 작은 나무들에게 손을 흔든다

나는 뭉그러지며 흘러내리는 이름자를 바라보고 있는데

갑자기 터널 안으로 기차가 역주행한 직후였던 것 같다

그 사람과 내 눈길이 서로 부딪힌 것은

암전 속 유리창에 그 이름의 얼굴이 스쳐 지나간 것은

허공을 팠다

쫓겨난 흙들이 나를 쳐다보더니
텅 빈 제 속으로 눈길을 돌린다

주검 하나 갖다놓고
찌푸린 하늘 몇 점 밧줄에 달아 내린다

밟아 다지고 밀봉 끝나기 전에
내 속에다가도 묻을 것 있나 찾아본다

슬픔과 고통은 아직 몸져눕지 않았다
깊숙이 안장해야 할 비밀도 유산도
내 삶을 밝힐 부장품도 준비 안 됐다

저 속에
새의 날개가 버둥대거나 뿌리들이 발을 헛디디거나
유골 같은 돌멩이 하나 뱉어내거나

일단 제쳐두고 구덩이 하나 파놓는다

어딘가 내 길이 끝나는 곳
내 삶을 모두 묻어버리고도 휑하니 비워 있을

구멍 난 저 허공에서
울음소리 하나 들려오지 않을지라도

돌은 돌

저렇게 무턱대고 앉아 있다니
언제나 그 모양 저 자세
무감각하고 미련스런 웅크림
내가 태어나기 훨씬 이전의 일

물방울로 변신할 수 없으니
차라리 공중을 떠돌라고 협박 못하고
입과 귀를 꽉 닫고 있으니
그저 이렇다 저렇다 말도 못하고

까마득히 오래전부터
그 자리에 저러고 있으니
자기 조상들의 유산쯤이야 알고 있으려나

굴곡진 언덕에 쭉 뻗은 기둥을 올리고
장엄하게 떠받은 지붕에는 헤라클레스 형제들
하늘을 뭉친 이두박근을 불끈 세웠으니

무덤의 벽에 새겨 넣기를 허락한
인간의 발자국들과 상형문자들
지극히 전투적인 일상의 벽화들

커다란 날개 펼치고 대양을 건너오다가 불시착해
검붉은 깃을 접어버린 독수리 몇 마리

그런가 하면
자신의 묘비명을 스스로 깎아 세우고
불면의 땀을 흘리고 있는 바위들이라니

어느 날 느닷없이 굴러 내려와 나의 삶을 덮치더라도
내가 던진 돌멩이에 누군가가 피를 흘리더라도

어쨌거나
하늘의 그것만큼이나 많은 돌
그것만큼이나 반짝이지 못하는 돌
숨어 있는 게 그것만큼이나 많은 돌

사막 위를 연기로 흩날리는 그날까지
돌은 돌
돌은 돌

내가 이미 떠나가고
땅속 천길만길 은밀한 세계에서
영생의 기쁨을 누리고 있을지라도

책 읽는 여인

책등을 타고 내린 그림자가 가슴 위로 떨어진다
창틈으로 디민 햇빛이 빼꼼히 표지를 훑는데
두 팔 펼쳐 든 곳에서 후두둑 떨어지는 안개꽃
머리를 묶은 매듭이 스르르 풀리자
깜박 잊고 있었다는 듯
책갈피 한 장이 왼쪽으로 돌아눕는다
눈부신 활자들이 자르르 베개에 쏟아진다
옆구리에 얼룩진 꼬리 하나 걸쳐져 있다
뻗은 두 다리를 받친 벽
배 위로 폴짝 내려앉은 꽃주름이 치마를 가른다
빛에 눈곱으로 들러붙는 먼지
다음 장으로 넘어갈 망막이 파르르 떤다
고양이가 눈을 번쩍 뜨면서 거두는 꼬리
졸음 끝에 매달린 시구 하나
창을 타고 온 햇빛 곁에 드러눕는다

단추의 눈

어쩌다 가본 단추백화점이라는 곳. 별의별 단추, 얼마나 많은 실, 색상과 모양이 교차하는 옷가지와 섶, 존재 이유가 분명한 구멍들, 언저리를 매김할 바늘들이 필요할 것인가. 손에서 뻗어 나와 손가락 벼랑에 매달린 지문을 문질러가면서, 몇 줄 끄적대다가 덮어놓은 게 있는데,

시의 소재가 궁했던 참에 눈이 번쩍 뜨이는 거 없을까 뒤적이다가, 장롱에서 삼십 년 잠에 빠진 붉은 가죽치마, 왼쪽 엉덩이에 붙어 있는 불가사리 뿔단추, 아직도 주름이 탱탱한 입술 하나를 찾아냈다.

둘은, 오랫동안 떨어져 있었구나. 가까이 있어도 손을 잡지 못하는 사이처럼, 하지만 서로 저 홀로 빛나는구나. 다시 들여다보니, 눈 하나가 빼꼼히 째려본다. 내 눈이 응답하듯 저절로 깜박거려졌다. 눈과 눈이 만나는 허공에 실오라기 몇 개 떠올랐다.

그 눈을 갖다 대고 창밖을 본다. 멀리 있는 것들이 진눈깨

비를 맞으며 반짝거린다. 가슴께에서 꾸부정 걸어 나오는 나도 보인다. 단추를 끼워 보려다 말고 슬그머니 여인의 침상 위에 그 옷을 펼쳐놓았다.

틈새를 찾아라

꼭 움켜쥐었다가 놓은 종이처럼 상처를 감춰야 할 때가 맑은 하늘의 번개같이 찾아오는 모양이다. 지명수배자의 심리 상태를 직감한 나는 세포만 하게 작아지든지 안개구름 속에서 뭉개지든지 길거리 돌멩이로 나뒹굴든지 해야만 했다.

다른 사람들의 환부를 파고들어 가야 했다. 그들의 꿈속을 침투해 보고, 흘리고 다닌 동선의 발자국을 주워 담고, 쓰고 구겨버린 휴지통을 뒤져야 했다. 함께 웃으며 찍은 사진 속에도 헤집고 들어가 보았다.

좌중을 오가는 울음과 웃음 사이에 작은 교차로처럼 누워 있던 무표정 하나도 점찍어 두었다. 해 뜨면 숨어버리는 달, 밤낮이 교차하면서 그들의 치명상을 감청하는 자신감이 생겨났다. 희미한 창에 귀를 모으고 있는데, 갑자기 누군가 쏘아 보낸 화살에 몇 번 뚫릴 뻔 했지만.

자객 몇이서 나를 찾으러 다닌다기에 함성이 뒤엉킨 광장에서 군중으로 파고들었다. 그 속에는 보이지 않는 천막이 많

왔다. 찢어진 깃발처럼 진눈깨비가 나부끼는 날 사우나에서 노출되었을 때는 모래시계 속으로 파고들어 가려다가 뜨거운 소금밭에 납작 엎드리고 있다가 몸이 풍선처럼 익어버리는 바람에 얼마 안 가 기어 나와야 했다.

 그림자 속으로 서서히 진입하는 월식의 달처럼 불안하지만, 계곡 뒤편의 밤낮은 안온하게 흘러가기에, 아직도 나는 알갱이가 새어나가는 캡슐 속의 공기를 가끔씩 들이마셔야 하는 것이다.

덧니와 삐라

 이른 아침 산을 지고 내려오는 사람을 보면, 이슬과 함께 산에 남아 있을 잔당들이 불쑥 떠올랐다.
 몰래 내려왔다가 간 산짐승의 종적이 뜨락에 떨어져 있던 그것 몇 장과 겹쳐졌다.
 썩은 처마 위로 B29 소리가 허공에 긴 꼬리를 남기며 사라지고, 산에서는 아직도 무슨 일이 벌어지고 있는 것인지 몰랐다.
 전단을 가랑잎에 섞어 뿌려대는 헬리콥터 굉음이 웅덩이의 물을 흔들고 지나간 그날, 나는 기어이 뒷산에 잠입했다.
 사나흘 비 요란하니 붉은 둥걸 밑에 파묻어두고 온 것이 못내 찝찝했다.
 생매장한 그것은 흙 속에서 서로 끌어안은 채 한 뭉치가 되어 있었다.
 뾰족한 이빨들을 꽉 깨물고 있는 누렁이의 붉게 타는 주린 잇몸이 떠올랐다.
 벌컥거리는 가슴을 낙엽과 한데 되묻고 민가로 왔으나 삐라줍기가 한창이었다.
 그 사건을 내 흔적 속에서 지워버리려고 했으나, 뒤끝은 도

망가는 송아지 고삐처럼 좀처럼 밝히지 않았다.
지금도 내 입속에는 오래된 덫니 하나 서식 중.

지붕의 두 사람

무언가 잘못된 매듭을 찾는 중이다.
양쪽에서 길게 접힌 것을 들고,
방금 전 들어 올린 덮개, 지붕 아래에서부터 올려진 지붕 하나 더
좌우가 뒤바뀐 모양이다.
한쪽은 처마 아래까지 축 늘어져야 하는데,
영문을 모르는 덮개도 용마루에 길게 누워 시커멓게 몰려오는 하늘을 바라보는데,
상대 쪽으로 들고 가서 서로 자리를 맞바꾸든지
가운데쯤에서 둘이 만나 맞바꿔 쥐고 다시 돌아오는 방법이 있지만,
제법 위태위태한 기와의 계곡
왼쪽과 오른쪽을 맞바꾸기 쉽지 않을 것 같은데,
아직도 영문을 모르는 덮개는
몸 뒤집는 파도처럼 배배 꼬이며 물감을 토해내는 염색 천처럼 좌우를 힘겹게 뒤집으면서
가까스로 지붕을 180도 돌려놓은 두 사람
이 현상을 어쩌다가 보게 된 나

타고 왔던 자전거 주행선이 뒤바뀌어 있는 것 같다.

길 위의 두 사람

 순항 중이던 우주선이 갑자기 역추진 브레이크를 밟는다. 좌전방에 낯익은 우주선 하나가 감지됐기 때문. 두 우주선 간에 긴장의 진공벨트가 구축되고, 선장은 상대의 지위 및 성향의 변화, 친분등급, 재산목록과 거래내역을 비롯해 우주계의 평판, 건강상태, 스캔들 유무 등의 신분 분석자료를 출력했다. 순식간의 일. 도킹 사인을 주고받은 두 우주선이 서서히 근접한다. 뒤이어 해치가 열리고 헬멧을 벗어 드는 순간 접선 공간에 초고압 산소가 공급되었다.

제2부

우표

내게서 멀리 있는 계절에 머물러 주는 당신이 고맙던 시절이 있었다

일기장 속에 아직도 까슬하게 살아있는 당신의 테두리

저문 밤 부칠 데 없는 이름 몇 개 달빛에 실어 날려보낸다

너의 길목을 서성거리며 긁적인 문장들이 오늘에야 되돌아오는데

이토록 선명하게 찍혀 씻기지 않는 지문처럼 당황스럽던

젊은 날의 소인(消印)이여

타인의 삶

불 꺼진 날이 왜 많은지, 알려고 하지 않은 창가의 밤

서쪽 외벽을 타고 온 해가 모서리로 떨어지면서 짙은 그림자를 남기며
나뭇가지들이 그곳을 기웃거리는 그때

저 창이 오늘은 왜 열려 있는지, 어쩌다가 무심코 열려서
나와 눈이 마주칠 뻔한 풍경의 계단 아래로
슬그머니 내려가서 올려다보면

혼자 레몬 즙을 짜고 있거나,
시집의 한 쪽을 반복해서 읽고 있거나,
그러다가 스르르 잠이 들었거나,
남자가 먹을 음식을 만들고 있을지도,
둘이 함께할 날들에 관해 심각한 담화를 나누고 있는 중인지도,
갑자기 외출을 서두는지도 모른다

그런 그림을 그려보는 것이다
내 화풍은 사실화에 닮아 있지만 도대체 옷을 벗지 않는 피사체들

힐끗 눈 흘겨보는 그이의 우편함
희미한 불빛에 묻어 나오는 정체 모를 소리들
아주 조금 열려져서 비밀스러운 그림자의 몸짓들
도무지 궁금한 무대 뒤쪽의 대사들

빈집 녹슨 문을 삐거덕 밀어보는 낯선 손등처럼

창을 열어젖히면 죄다 사라질 그 외로움 쪽으로 몸을 한두 번 내민 적이 있을,
먼 창 안의 삶

포커페이스는 없다

목격자의 눈길이 스쳐간
인상착의 하나를 그리고자 한다면
첫인상은 무시해버릴 것

첫눈에 반해버렸다는 사랑 이야기 따위는

목 없는 조각상 앞에 서 있는
내 얼굴은 어쩌면
오랜 세월 닳아버린 박물관의 청동거울이
흐릿하게 비추는 초상화와 견주기는
어려울 수 있으니

반쯤 감긴 눈 위에
일그러진 눈썹을 갖다 붙일 때는
불안하게 굴러다니는 두 눈동자는 외면해도 좋으리

양쪽 볼에서 턱으로 흘러내리는
싱거운 눈물의 계곡까지도

다만 포커페이스가 지나간 흔적은 찾으려 말 것

내 미간에 의뭉스럽게 파인 도랑도
여기저기 흉터로 박혀 있는
크고 작은 사건도
들추려고 애쓰지 말 것

내 얼굴은 어쩌면
가마에서 막 꺼내져 식어가고 있는 잘못 구워진 도자기

서쪽 하늘을 바라보며 붉게 타오르는 안색도
언젠간 숯덩이로 사그라질 뿐인데

뒷모습

나무가 돌아눕는 쪽 하늘로 뻗은 가지라고 한다
그 언덕을 바라보는 이의 마음이라고 일러준다

너의 아름다움은 내가 사랑하는 쓸쓸함과 짝이 맞을지도 모르겠다

구름 저편 일몰이 감추고 있는 달의 그늘은 아직 보지 못했다

시집 뒤표지에서 네가 아닌 누군가가 나를 기다리고 있다

내가 품었던 욕정은 너의 목덜미를 타고 엉덩이로 흘러내린 근육의 계곡이었다

마지막 만남 후 뒤뚱거리며 퇴장하는 너의 뒷굽에 찍혀버린 내 발등

갯벌의 등판을 벗기고 돌아가는 썰물의 검은 그림자

밤은 이윽고 아주 천천히 올라선다 돌아선 무대의 바퀴 위에

너는 화장을 닦아낸 얼굴을 거울 속에 밀어넣고 내게로 다가온다

사랑은 매번 등을 돌리려 하는데 우리는 그 나쁜 버릇을 고칠 의향이 없다

내가 포옹을 풀고 이별의 몸짓으로 뒷걸음칠 즈음 너는 그 자리에 덩그마니 서서 추억의 뒷덜미를 마주해야 하리

나는 오늘도 왼팔을 한껏 뒤로 꺾으며 어째서 여태 한 번도 내 등짝을 쓰다듬어 주지 못했을까 자책한다

실종에 관한 또 다른 논증

따라서 아이가 입장하지 않았다는 것은 분명한 사실로 보였다
여러 개의 출입구를 익히 알고 있는
적어도 이 여인에게는

에스컬레이터에서 3층으로 솟아오르는 장면이
측면 거울에 반영되지 않았기 때문인지도
잡았던 손을 어느 순간에 풀고
뒤따라오던 시선이 이탈한 것도
폐쇄회로에는 저장되지 못했기에

물방울무늬 원피스를 가슴에 대어보는 이 여인을
아이가 저만치서 지켜본 줄도 몰랐기에

드레스의 붉은 품속에 안겨 있었거나
가격표의 숫자를 떠듬떠듬 읽어보았거나
미로 속 진열대로 자리를 옮기려던 여인이 어떤 여인을 만나

시곗바늘처럼 멈춰 서버린 그 시각이거나
없어진 아이가 다가와 옷자락을 잡았거나

세일을 외쳐대는 매대 앞에도 형형색색 교차되는 인파 속에도
움직임을 포착할 수 없었거나

그 사이에 가시반경에서는
없어진 누군가를 애타게 찾는 일 따위는 생겨나지 않았다
축제는 예정대로 진행되었고
관객들은 저마다
의도한 동선대로 또는 무의식 상태로 왔다 갔다 했을 뿐

여인이
늘씬한 쇼핑백을 경쾌하게 받아들고
가려운 데 긁고 나온 마그네틱을 유리 바닥에 떨어뜨리기 전까지는
아이가

어떤 여인의 손짓을 외면하고
물방울의 뒷모습을 따라나서기 전까지는
숨어 있던 스피커가 의구심 가득한 여인의 목소리를
아직은 조심스럽게 감추고 있는 그때까지

사람들

개에게끌려가는 사람 밥먹다가전화를받는 사람 자전거타다가넘어지는 사람 우는사람을달래는 사람 그냥서있는 사람 나를쳐다보는 사람 신호등을기다리는 사람 노트북을닫는 사람 케익을들고가는 사람 수레에싣고가던짐을다시묶고싶는 사람 전봇대위에올라간 사람 목발짚고가는 사람 편의점에서 나오는 사람 맨홀을들어내는 사람 계단을헛디디는 사람 뒤로 걸어가는 사람 나와어깨를부딪힐뻔한 사람 사람의손을잡고 가는 사람 돈을세고있는 사람 캐리어를들고가는 사람 자기키만한악기를매고가는 사람 손을번쩍드는 사람 웃으며셀카를 찍는 사람 나무밑에앉아있는 사람 비틀거리는 사람 풀린신발 끈을밟고가는 사람 안에서밖을내다보는 사람 한곳에모여있는 사람 보이지않는 사람

내 머릿속에서 추출한 사소한 목록들

땅속 깊이 침묵의 자물쇠를 채워 넣어두고 싶은 금덩이 —999돈

가시덤불에 유기한 아기 복숭아, 두 개 빠진 앞니로 깨문 자국 선명한—33입

내 귓속에 살고 있는 귀뚜라미와 매미의 어림잡은 나이 —스물아홉 살

아, 지나쳤잖아, 먼 길 돌아오느라 해져서 내다버린 발자국—4,288켤레

눌러도 자꾸만 떠오르는 물속 풍선 고집—2,251봉지

하반신만 둥둥 떠내려가는 유실물—815점

붉은 바람에 쫓기다가 철조망에 걸려 말라붙은 살점—747그램

첫사랑의 뒷모습을 좇다가 전봇대 전단지에 부딪힌 머리 —지금 막 떠오른 그 전봇대 고유번호 1789E-012

웅덩이 속에서 머리만 내밀고 있는 욕망의 물방울—728기포

실행에 옮기지 못하고 분쇄기에 쑤셔 넣은 연중 계획서 —44년치 5,503자루

몇 발짝 못 떼고 곧바로 후회한 발걸음―2,670회. 단 먼 훗날 크게 후회한 것 제외

고속철에 실려 터널을 빠져나오는 천둥소리―23만5천 데시빌―번개는 이미 사라져버림

내 이마를 치고 도망간 술 취한 아스팔트 길―36개 가로등

허공을 안개비처럼 떠도는 생각 부스러기들―∞

지어놓고 써먹지 못한 거짓말―400여 개, 감쪽같이 성공한 6,400여 개, 아슬아슬하게 넘어간 360여 개, 나중에 들통난 거짓말―50여 개

껌 속에 넣어 씹다가 낡은 벽지에 붙인 별빛들―66광년

이밖에 적출하지 못한 영혼의 폐기물―21그램

부록: 비좁고 깜깜하고 끈적한 그 길을 뚫고 나와서 처음으로 맞닥뜨린 빛의 얼굴들―내 생의 최초 어쩌면 최후의 것이기를 바라는 기억

'~的'이란

간헐적 유유자적

감정적 홀대

돌발적 브레이크

순례자적 여독

실존적 간지럼

염세적 족적

오스트랄로피테쿠스적 구부정 직립보행

위생학적 비비적비비적

전술학적 3중대 수색소대

불가분적 엇박자

문학적 각질 또는 물집

진화론적 퇴화

초감각적 긁적긁적

태생적 밑바닥

통속적 제12성감대

한계적 지속가능성

형이하학적 중력의 지팡이

즉,
내 발바닥의 존재와 목적에 관한 직설적 즉흥적 일방적이면서 매우 극단적 선택이자 자의적 기록

눈물이 싱거워질 때까지

마지막 단 하루까지도
적당량을, 조금 많거나 적게,
식물성이든 동물성으로든,
내가 취하는 소금은 단 한 가지 식성뿐

태어나기도 전에 이미
우리는 계약을 맺어놓은 상태
내 몸과 소금 간의 엄중한 계약서에는
이렇게 기록되어 있을 것

계약자 1 : 소멸의 증발 끝에 서서히 환생하는
불사의 생명 결정체. 단, 태양과 바다는 제3자로 간주
계약자 2 : 지구상의 웬만한 동식물은 먹어치우는
포식자. 단, 물은 선별적으로 마심

세부사항은 각자 몸속에 더욱 자세히 기록되어 있다.

일단, 섭취한 것을 적당량 배출해야 하는데,

상대 계약자는 신기하게도
내 몸이 요구하는 대로 적정량 머물 줄 알고
필요한 만큼 빠져나갈 줄도 알고 있음.

제가 다 알아서 하는 법을 알고 있다.
인생의 짠맛을 제대로 맛보겠다는 작정
우리의 계약서에는
돌발적 사항들은 과감히 생략되고 있다.

이따금, 소금인 줄 알고 먹은 설탕으로
생각지도 않게 달콤한 미소를 짓더라도,
또는, 짭짤한 표정이더라도
이런 것은 예외조항으로 남겨두기로 했다.

내 안의 그것은
물을 부수조항으로 두기도 한다.
식탁의 국이 식어갈 무렵,
또는, 순례단의 꼬리에 붙어 가다가

그늘 밑에서 나눠 받아
땀의 보약으로 마셨을 경우,

소금도 목이 마를 때가 있는 것이다.
이글거리는 태양과 갈증의 바다.

이따금 어떤 질병을 유발한 것인지는
살아가면서 따져봐야 할 일.
내 몸은 우주의 궤도 속에서,
물과 소금의 자전과 공전 상태를 유지하는데
간혹 이런 일이 생기는 것이다.

어쨌든, 아직은 유효한 계약!

태양이 바다를 말리는 날이 불타는 동안에는!
그 뜨거운 백사장에서 입가에 결집되는
절정의 맛을 혀로 핥을 동안에는!

볼을 타고 흘러내린 내 눈물이
어느 날, 혀끝에서 싱겁게 느껴질 때까지!
단, 이 계약은……
내 몸 깊숙한 곳에 염장해두어야 한다.

캐리어에 끌려가는 삶

무릎 앞에 두고 달린다. 구심력이 서로 다른 네 개의 바퀴가 캐리어를 이리저리 돌리면서 중심축을 흔든다. 발로 바퀴를 제압하고 손잡이를 잡아당겨도 보지만 바퀴 네 개가 제각각 만만찮다.

잠시 한눈파는 사이 열차가 갑자기 속도를 줄인다. 기회를 기다렸다는 듯이 캐리어는 품을 벗어나 맞은편 자리 하나를 차지한다.

그를 쳐다보니 이번에는 자기가 바퀴들을 달래느라 애를 먹는 듯하다. 그런 캐리어를 나는 못 본 체, 했다.

각(刻)

55

벨 소리가 울컥이는 뇌리의 정수리를 꿰뚫고 지나갔다

42

끊어진 주행 경로가 크레인에 들어 올려지고 있는 싱크홀 앞에서 핸들을 놓아버렸다

28

맞은편 건물 전광판에서 급류처럼 흘러가는 자막에 올라탔다

-3

충격기가 가슴을 거부한 시각이 기록되고 간호사가 흰 천을 덮어버린 직후였다

-15

승강기 문이 열리자 흰 가운의 사람들과 복도 끝에 서 있던 여인이 뛰어온 것은

안개, 영화를 찍다

우연히 빨려든 그곳은 공포의 영역일 수도
프레임도 없는 곳에 나를 가둔 저들은
어떤 손이 불쑥 내 뒷덜미를 움켜잡거나
내 앞에서 휙 사라지는 물체로

느와르를 찍고 있는지도 몰라
쫓기는 자와 가련한 여인이
눅눅한 담벼락에서 재회를 기약하는 중일지도
바닥에 희미하게 놓인 검은 가방 하나

앵글은 정강이 높이쯤에서
시선은 매우 천천히 사방을 훑고 갔을 것
초점은 그 어디에서도 멈추지 못했을 것

다큐멘터리의 흐름을 따라갈 수도
없는 듯한 물체가 거대한 그림자를 관객에게 덮어씌우는
쫓아갈수록 잘라놓은 미궁의 꼬리만 밟게 하는

도대체 미장센 안에 가둘 수 없는 그 실존을

대사는 독백으로만, 쉿! 자막은 침묵으로만
이따금 바늘이 뇌리를 찌르는 효과음으로만

만약, 눈을 감아야만 보이는 것을 찍을 의도라면
그건 내가 그린 콘티가 아닐 수도
각본 또한 누군가에 의해 이미 편집되어 있을 것

잡지도 못할 것을 나는 롱테이크 안에서 헤매고 다녔으니
두 눈 뜨고도 보지 못하고 흘려버린 것들에게는
카메라를 들이대지 말 것

어쩌면, 이 영화는 앤딩 크레딧이 없을 수도

다만, 희뿌연 심연에서 여태 헤어나지 못하고 있는 나를
암전 속에 그대로 빠뜨려 둘 것

그날 펜션에서 눈 속에 파묻은 진술들

그러다가 술잔이 바닥을 드러내고 스스로 제비를 잡았다던 F가 밖으로 나가고 한참을 돌아오지 않은 것이 맞다 그가 두고 간 막 사그라지던 액정도 떠올랐다

통하다가 닫혀버린 듯한 다락방 천장의 하늘을 끙끙대며 밀어보던 E가 사다리를 굴러 내려와 눈벼락을 데리고 춤을 추던 기억이 분명하다

얼마 지났을까 D가 벌떡 일어서서는 길 하나 눈밭에 뚫고 오겠다고 나갔는데 남아 있던 몽롱한 알파벳들은 눈이 5센티미터쯤 더 쌓일 동안 F와 함께 묶어 의식의 울타리 밖에 방치해두었다

문득 슬금슬금 기어가 방 한켠에 누워 있는 정체불명의 물체를 흔들어보고 머리맡에 있는 검은 봉지를 집적거리던 C의 눈 속에서 파란 술병들이 알몸을 녹이고 있던 중이었다

휴대폰에 44번 길들이 증발해버렸다는 하얀 문자를 덮고

언성과 어법을 제법 통제하면서 밀담을 나누던 B와 A의 대화 내용은 눈 속에 파묻어버렸다

　여섯 명 우리가 회갑을 맞아 팔팔하게 술자리를 덥히던 그날 1미터가 넘는 눈은 명백하고 순식간의 일이다

　그러고 보니 이 확실과 불확실의 모든 게 사실인 것 같고 D가 길을 뚫었다는 그날의 무용담은 여태껏 들려오지 않았다

총성 직전

그 직전에 이미 쓰러짐.
내 비명 소리마저 현장 사살이 확인됨.

하필 나를, 아니 당신을 향해서?
그 동기는 총구 깊숙이에.

순식간이 당겨버린 방아쇠,
연달아 직전으로 밀려나는 노리쇠,
탄흔에서 피어오르는 푸른 연기,
용수철에서 산화한 탄피의 불덩어리,

소리는 이미 내 심장을 관통한 뒤
조준은 벌써 새 탄창을 갈아 끼우기 전

커튼이 내 얼굴 반쪽만큼 열린 각도에서
베란다의 화분이 들이킬 물의 시각

엄폐된 식탁의 은밀한 거래,

또 다른 장소에서 배신하고 뒤돌아서는 악수의 장면,

발사각은 망원렌즈에 당겨지고
더 이상 나눠질 수 없는 극한의 초점이
그 사정거리 안에서 심장을 움켜쥘 때,

바닥에 쓰러져 있던 내가
황망히 현장을 수습하는 사이,

유리창, 새, 담장, 깃발, 무덤, 나무, 오솔길, 바람의 심장을
꿰뚫고 지나갔다가 나를 향해 되돌아오는

감당할 만한가, 그 적막 속의 공포에 절어 있는 표적을

잊힌 동화

까마득한 옛날 옛적부터
둘이 맞붙어 있었다고 전해내려 온단다,
산 그리고 하늘.

(노인은 소년에게 입을 열었지)

하늘은 이따금,
불쑥불쑥 공룡 같이 솟아나는
그런 산에 신경이 쓰였다지.

쓰다듬어 주면 온순해지는 들판인데,
다독이면 잠들 줄 아는 바다인데,

꿈속의 능선을 일출로 깨워도,
지친 계곡을 석양으로 덮어주어도,

붉은 물감을 쏟아부은 노을만 하더라도
산은,

하늘이 다쳐서 생긴 피멍이라 했더라지.

달이며 은하수를
접경의 밤에 쳐놓은 철조망이라고 에두르는 것도,

공주 안드로메다와 여왕 카시오페이아
그네들의 요염한 자태를 묘사한 별자리에
신음 소리가 따라붙지 않는 의문도,

북극곰들이 잠 못 이루고 탄성을 내지르는
오로라의 향연마저도 그랬고,

마침내 하늘은,
어마어마한 운석의 불덩어리로
봉우리를 불살라 버리기로 했다지.

(소년의 눈망울에 졸음 한 방울 맺혔지)

그랬다지, 낌새를 느낀 산은,
하늘을 시커멓게 태워 버리겠다고 맞불 놓았다지.
펄펄 끓어오르는 용암으로!
칠흑의 화산재로!

둘의 기 싸움은 아직도 끝나지 않고,

땅 위의 인간들은,
하늘과 땅속의 인간들까지도
어느 한 편에 기웃거리지 못하고
그저 태연한 척하고 있다지.
무슨 일이 생겨나도 어쩔 수 없다는 듯이.

(노인은 그렇게 입을 닫았지)

제목을 붙일 수 없는

내 뜨거운 눈물일지라도 알레르기일지라도 내 몸은 좁은 관을 매달고 뚝뚝 떨어지는 이 정체 모를 수액을 샅샅이 받아낼 심산이다. 나는 슬픔의 부족들이 종신형을 살고 있다는 마을로 숨어들 것이다. 몇 사람이 어둑어둑 이쪽으로 걸어온다. 지나치면서 보니 거꾸로 서 있는 나무들이다. 뿌리들이 붉은 운무를 빨아먹고 있는. 그 사람들을 애타게 찾는데 새들이 날아오르고 푸른 안개가 빈 둥지를 틀고 있다. 어떤 동굴 속으로 들어가니 내가 찾는 사람들이 한 줄로 서서 울고 있다. 또 나무들이다. 머리가 아파서 나는 노래를 불렀다. 잠 속이 아니었는데 심박 소리가 마구 흔들어 깨웠다. 찢어진 손목 혈관에서 검은 벌레들이 뚝뚝 떨어졌다.

망치로 얻어맞았다니

어떤 천체 사진작가가 수천 번이나 찍어 한 장으로 만들어 올렸다는 세상에서 가장 선명하다는 달 사진을 보니 무쇠 망치에 두들겨 맞아 몇 군데 움푹 들어간 징 같다는 말이 맞기도 했다. 헝겊 채로 치면 끄으응 하는 울음소리가 날 것 같기는 했다.

pech**** 저걸 분화구라고 하는 게 맞나요? 충돌 흔적 아닌가?
정**** 충돌 흔적 아니구요. 크레이터 맞습니다.
tick**** 달도 가까이서 보니 엉덩이같이 흉측하네.
(해당 기사에 달린 댓글 몇 개 보고 나서,)

방짜 망치로 수백 수천 번 두들겨 맞아야 징이 탄생한다는 얘기는 맞는 말. 하지만 달의 저 아름다운 계곡을 망치에 얻어맞은 상처 같다는 비유가 나는 영 마음에 걸린다. 비록 우주를 떠돌던 바윗덩어리에 맞아 생긴 저런 웅덩이가 수십만 개나 된다고는 하지만. 갸륵하고 애틋한 핏줄처럼 달과 일평생 내통해 오고 있는 내가 듣기에는 너무 가혹한 말이라서다.

ods**** 뭐, 좋다, 그러면 오늘밤 보름달이 뜰 때 달의 멍든 저 가슴에 청진기를 대어보자.

시간 속에 빠뜨린 반지

1973년 겨울, 세 아이 엄마 카렌(당시 27세)은 외할아버지 집 눈 쌓인 마당에서 결혼반지를 잃어버렸다. 그들 부부는 이제 70대 할머니 할아버지가 되었고, 반지는 그들의 기억 속에서 사라졌다. 그런데 지난 14일, 반지를 되찾았다. CNN 보도에 따르면, 48년 만에 반지를 되찾은 유일한 단서는 RA to K.B 4-16-66이라는 이니셜이라고.

rale**** 가끔씩 이런 사건이 우리 삶을 행복하게 한다
JJW**** 아, 나는?
ods**** 사랑의 시간에 새겨둔 언약은 영원이구나

제3부

숯덩이 얼굴

사람이 곧 우주라고 했는데
밤하늘의 저것 하나 되어볼까
지구의 모래알보다 많다는데
아마도 그런 연유가 있었겠지
한 바퀴만 돌고 가는 세상에 미련 많은 듯
나지막이 별 나이로 한 백 년쯤 떠서
알고 지내던 이의 눈 속에서 반짝거려보다가
누군가의 새벽꿈에도 기웃거려보다가
나뭇가지 끝에 앉은 한 마리 새 되어
그리움에 뒤척이는 창을 두들겨보다가
이윽고 은하계의 중력을 벗어날 무렵
내 살던 마을 뒷산에 떨어지는
별똥별 하나 되어볼까
숯덩이 얼굴로
흙더미 속에서 이죽이죽 웃다가
한 줌 연기로 사라지는

생존을 위한 방법론

나는 꺼이꺼이 울었지
태어나기도 전에 배운 방법으로
세상 처음 나올 때
숨을 헐떡이는 방법으로 젖을 빨고
더듬는 방법으로 말을 익히고
매 맞는 방법으로 싸움을 했지
꽃의 방법으로 잠시 피었다가
그 방법으로 떨어졌지
흐르는 것 강물의 방법이지만
나무들은 그들만의 방법으로 우두커니 강가에 서 있고
나는 작은 언덕을 오솔길의 방법으로 올라
호수에 비친 구름의 뒷모습을 바라보았지
일억 광년 은하수 마을을 띄운 것은 하늘의 방법
아니 그건 내가 하늘을 바라보는 방법
달이 자신의 뒷모습을 감추고 있는 방법은 비밀이므로
나는 구태여 알려고 하지 않았다
오늘밤 누가 내 삶의 쓸쓸함을 묻는다면
태어나서 처음 배운

눈물을 글썽이는 방법으로
그것이 굳이 통하지 않는다면
어쩔 수 없는 방법으로

이별은 제동거리가 길다

그 고빗길 넘어 보면 알아
이별의 거리가 왜 만만치 않음을
생애 처음이듯 같은 밤 보내고
옆자리에 태우고 가면
술렁이는 들판이며 덜컹대는 파도
고개 휘둘러대는 봉우리들 지나
비상계단 깎아 세운 내리막
브레이크에 한쪽 발 얹어 가면
커브길마다 튀어나오는 원심력들
여인 가슴속이 보이는 것 같아
저 사람 쪽으로 기울지 않으려고
다시는 돌아가지 않으려고
손잡이 꽉 붙잡았지
마음 하나에 안전띠 조인 것 같아
꽁무니에 매달리는 길바닥 타는 냄새
중심을 가두기 어려운 구간마다
여운을 끊어버리는 짧은 외마디
벼랑 쪽으로만 치닫는 타이어 자국

터질 것 같은 침묵의 공기압
추억을 죽죽 긁어대는 스크래치
따끈한 이별 하나 동승해 오는 길에는
이런 걸 추스를 겨를도 없이
느닷없는 먹구름 뒤쫓아오고
소나기가 눈앞을 캄캄하게 막아서지

사진 1943

오래된 사진 속 봄의 뜨락
담장을 넘다가 발목이 부러진 모양이다
목련이 쓰러져 있다
어디선가 본 듯한 내 미래의 여인도
그곳을 바라보고 있다
애써 카메라를 외면하는 저 남자의 굴곡진 생을
어림짐작할 수도 있겠다
아직 태어나지 않은 아우들에게
말을 건네려는 저 아이
의미심장한 시선을 보내고 있다
훗날 일어난 일을 다 안다는 듯
퍽 하고 알전구 터지고
여인은 연기 나는 부엌으로
남자는 사진사에게
아이는 골목으로 뛰어갔겠다
그날 저녁놀이 푸르렀는지
따스한 바람이 불어왔는지
아침은 보리밥처럼 뜸이 들었는지

그것은 저 괘종시계도 모를 일
반짇고리에는 노곤한 달빛
뒤주에는 긁은 자국 선명하고
뭔지 모르는 해진 문서도 보았다
봄날은, 흑백의 하늘 저편으로 떠나가고
뜨락을 훑고 지나간 수많은 그림자 뒤에
나, 또한 지금 여기
저 훗날의 유산으로 남겨졌다

식물인간이라니

의식의 실타래가 헝클어졌을 뿐인데
망각의 실핏줄이 살아났을 뿐인데
세상에, 누운 사람보고 그렇게 부르다니
정작 당신은 알아듣지도 못하는데
식물 속에 든 사람이 되었다니
어쩌면, 당신은 이참에
식물로 환생하고 싶었던가
설마, 그렇든 말든
사람보고 식물이라니
한 떨기 풀잎, 키 큰 파리루스란 말이던가
물 위에 드러누운 연꽃이라는
한 사람의 생이 저 속에서 눈 감는다는 것인지
오늘밤 내 머리맡에
오래 사는 꽃나무 하나라도 심어야 한단 말인가
광합성이라도 일으켜 달란 말이던가

집 한 채

내 안에 있어요 어느새 그것이
눈 덮인 작은 언덕에 당신을 묻고 돌아온 그날 이후
꽃 피고 바람 지나가듯
그곳으로 가는 길들이 하나씩 지워지고
빈 우물 속에는 말라버린 별빛 가득
무너진 담장 위를 서성거리는 노을 너머
내가 먼 데를 이유도 모른 채 떠도는 동안에도
당신은 그 집을 지키고 있었나 보군요
이윽고 훗날
해 지고 돌아갈 길 깜깜해지면 지친 몸 들여와 누이라고
당신이 스스로를 허물고는 지어놓은
무덤 하나

서랍이 열리고 나면

그 마을 어디쯤에도
꽃이 피고 있나요 짙은 구름 뚫고 한 줄기 빛이 내리던가요
주인 잃고 잠을 설치는 저 시간에 태엽을 차곡하게 감아 재워 볼까요
영원이라 하는 곳으로 날아가셨으니
이곳의 순간을 움켜잡을 순 없던가요
텅 빈 튜브에 검정 잉크 채우고 쓰다 만 일기장을 펼쳐놓을까요
마지막 문장도 적지 못했는데 여백을 넘겨버리고 마는 생이라니요
여기 휑한 반지 하나
다른 몇 개는 동그랗게 손가락을 비우면서
허물어지는 양 가슴 위에 얹혀 있겠지요
고리 떨어진 이 십자가도 그리 애처롭진 않아요
푸른 실핏줄이 팔딱거리고 있구요
어디에 가닿는지도 알 수 없는 하얀 모랫길 위 작은 발자국 못 봤던가요
꿈속 같은 데서 들려오는 나직한 기도 소리는요

이 서랍 고이 열어둘까요
애달픔을 혼절시키는 밤과 낮들을 교차하고
어디서 왔는지도 모르는 한 쌍의 나비로
잠시 잠깐 다녀가실 순 없던가요

흐린 날

바짝 다가와 무릎을 구부리고 있다
지상의 일들이 궁금한 게 많은 모양이다
무언가 뒤져볼 낌새다

하지만 고작 위층 베란다의 이불보가 걷혔을 뿐
남자는 거실에서 혈압계 숫자를 읽고
골목들이 서로 모르는 행인처럼 스쳐갔을 뿐
고개를 떨구던 여인은 모차르트를 다시 끌어안고

어느 창가에서는
내다 버릴 책으로 쌓는 탑의 그림자가 휘청거렸다
입에 물을 머금은 바람의 부리가
나무의 뼈마디를 쪼아주고

자외선 울타리 밖 꽃들이 렌즈 각에 다가간다
얼룩을 닦다 만 빛들이
피사체 속으로 뛰어들어 갔다

고양이 걸음으로 저녁이 어슬렁거리고
물고기와 샛별들이 한데 헤엄치는 낮은 천장에는
아직 이름을 못 가진 아기 눈빛이 두리번두리번
죽은 것들을 불태워 허공에 뿌리고 있는
창밖 굴뚝의 붉은 연기까지

그날
이밖에 어떤 일이 있었는지는 기억하지 못한다

꿈과 현실이 엇갈린 먼지 낀 방충망 틈을
내가 하루살이처럼 드나들었던 것도

지척에 만든 고향 하나

 젊은이 많다는 그 대학 인근에 걔도 살고 있다네. 요즘으로 치자면 과년도 아니네만 생각이 없는 건지, 내 말 안 꺼낸 지 오래됐네. 혼밥 즐기면서 지 삶의 그림을 그렸다 지웠다 할 것을. 생이 그리 만만하지 않다는 걸 조금씩 느끼는 눈치더라만. 요번에도 까치색 코트 입고 와인 상자, 함박웃음 가득 안고 오겠지. 젊은 시절 그렇게 열정적이던 고향 열차 타본 지 오래, 해마다 멍하니 앉아 명절 연휴 죽이고 있는 아버지의 객지를 지 고향 삼아서, 지척에 귀성 하나 만들어놓고 설 쇠러 오지 뭔가.

매달린 삶

 지름이 4cm도 안 되는 밧줄에, 식솔의 내일을 담보하다니, 20m 허공에 떡하니 걸터앉아서, 특전사 출신도 아니면서, 날개도 못 달아봤으면서, 반지하를 오르내리면서, 높새바람에 큼직한 붓을 씻고, 전시회 한번 못 가봤으면서, 벽화를 그리다니, 아파트 숲에 가려진, 6부 능선 단풍도 훑기면서, 통통배 드나드는 동쪽 포구의 술렁거림도, 고목의 까치집도 들여다보지 못하면서, 온종일 면벽 공양만 하면서, 뒤 한번 못 돌아보고 떠밀려온, 먼 친척 동생 같은, 50줄 낭떠러지

뱀은 나타나지 않았다

자갈밭 응달진 곳에는 뭐 하러 갔더냐

제 몸 홀라당 벗고 도망간 한 마리 뱀을 보았더냐
그러나 정녕 네가 본 것은 무엇이었더냐

독이 들어차기 시작한 젖니 하나라도 남겨두었을까 봐
그랬구나,
바람도 독을 탈까 봐 조심스레 뒤적이고 있었구나

왠지 옆구리가 으스스하더냐
당장이라도 발밑에 스르르 나타나 네 뒤꿈치를 깨물 것 같더냐
너는 형벌이라도 받을 사람마냥 깜짝 놀랐더냐

담장 없는 작은 마당에서
네 서 있는 삶이 그리도 불안했더냐

풀밭 가르며 달려올 비늘의 길

영혼을 품기 시작한 어린 가시 같은
송곳니 그런 것 한번 보았으면 했겠구나

중계소에서

오늘은 어쩐지 느낌이 좋아
형님, 한 번만 더 믿어줘요
쟤는 한물갔는데
그럼 계좌번호 찍어 보낼게
얼른 와, 벌써 달려오고 있어
진짜로, 이번이 마지막이다
자기, 얼마 지를 거야?
잠깐만, 한 모금 빨고 와서
이크!
저기요, 11번마 애칭이 뭐였죠?
눈 딱 감고 가자고
제기랄, 저거 가짜 화면 아냐?
난 개털, 자넨?
내가 뭐랬어, 조금 더 쓰라 했잖아
와우! 적중의 쾌감이여
엄마, 지금 어디세요?
다신 안 온다더니
찌라시는 믿을 게 못돼

7번 녀석 왜 잡아당기는데 고삐를 왜
저긴 벌써 비가 오나 봐

삶에게 묻다

내게 이런 걸 다 묻다니, 구태여 말하자면
"억지 같아. 사막을 건너가는 발걸음이었지만, 나는 대체 얼마나 애써 보고 고단하다고 말하고 있는 건지……"
오랫동안 외돌토리마냥 흘러온 강(姜)이 툭툭 내뱉는 어투로 끝을 흘렸다.

요상한 꿈을 생시처럼 바삭하게 구워 지인들에게 나눠주고 다니는
고해산방 주인장 박(朴)이 막걸리 병을 이리저리 흔들었다.
"인생 뭐 있냐, 더할 것도 뺄 것도 없는 바람 같은 것이야. 바람, 바람, 바람"

그 한 시절의 문학청년, 남편보다 먼저 시집을 내고 다소곳이 앉아 있는 여사(李)에게도
'사는 게 무엇 같더냐'고 던져보았다.
"나의 언어를 찾아가는 일, 찾은 언어를 다시 허무는 일, 이 지난한 수행을 버리고 어느 순간 떠돌이별처럼 자유로워지면 언어는 언어의 방식대로 나를 기억하겠죠."

어느 먼 곳으로 가서 살고 싶었던 것일까,
해외를 떠돌다가 온 문(文)이 천천히 잔을 내려놓는다.
"내 삶, 이제야 텅 비워졌어. 잠시 잠깐 출렁대던 현실이 물거품처럼 지나가고 있어."

못 말리는 골초 오(吳)는 담배연기 내뿜듯 허공에다 소리쳤다.
"삶이여, 이제 네가 나에게 물어봐 다오!"
그리고는 아무 말도 잇지 못했다.

나는 제법 심각하게 긁적거려 놓은 메모를
입 안에 쑤셔넣고 우물쭈물 씹어버렸다.

알레르기

어때, 오늘은 정상까지 쭈욱
그가 김밥을 씹으며 더 높은 곳을 바라본다
나는 갑자기 어질어질해졌다
오늘도 딱 여기까지!
바로 저 봉우리인데 후딱 올라갔다 내려오면 되잖아
숨이 가빠지기 시작했다
깔딱고개 두어 시간이면 됐잖아
땀 식히고 있는 7부 능선 이마에서 어른거리는 꼭대기를 외면하고
   나는 하산길 쪽을 돌아보았다

사월 어느 밤에

헬기 굉음에 더 놀라서 꿈 밖으로 뛰쳐나왔단다
번쩍거리는 경광등 너머
정겨운 6부 능선 그쪽에 붉은 화염이 웬일인가
매캐한 냄새가 코를 찌르는데
헐떡이는 나를 반겨주던 느긋한 바위 형제들아
이 밤중에 얼마나 놀랐겠더냐
아담한 그늘을 만들어주던 키 작은 소나무 자매들아
내 진작 이름을 지어주지 못했는데
어디로 피신도 못 가고 서로 손잡은 채 웅크렸더냐
비탈길 손잡이 밧줄아
너는 제발 가파른 바위틈에 꼭꼭 숨어 있거라
마을 창가를 두드려주던 풀꽃들아 산바람들아
울음소리마저 들이마셨겠구나
나는 지금 뛰어올라갈 수 없으니
내일이건 모레 글피건 어찌 너희를 볼 수 있으려나
아무것도 해줄 것 없으니
멀찍이 서서 동동 구르는데 이를 어쩔거나

흐느끼는 여인

누구를 애타게 부르는 소리 너머로
강물이 더 빨리 흘러갔네
깊은 암벽 그림자 위에 빈 튜브 빙빙 맴돌았네

그 외마디 위에서 먹구름 하나 손을 내밀었지만
여린 나뭇가지 하나 잡지 못했었네
그 소리 지금 물속 달려가 긴 밧줄 풀어놓네

여태껏 피맺힌 목젖 뚫고
저 혼자 중얼거리던 아이의 말들이 터져 나오네
닫힌 마음을 열지 못하던 아이가
흠뻑 젖은 창문을 두드리다가 눈물 속에 갇혀
여인의 뺨을 타고 흐르네

영혼을 쥐어짜는 심장의 손아귀가
아랫배를 사정없이 잡아당기네
목덜미의 힘줄이 터질 듯 비명을 지르네

요동치는 두 어깨에 얹히는 위로의 손들을
야멸차게 뿌리치네
길게 풀어헤친 어둠 뒤에서 흰 백합 꽃잎들이
후두둑 떨어져 내리네

나무에는 길의 유전자가 있다

아득한 그곳에 길은 안 보였다
활엽수 낙엽들이 원주민마냥 터를 잡고

수상한 들녘에서
저 너머 보이지 않는 숲을 향해
바람의 길을 살펴보는 나무들이 있었다

눈먼 사람들 하나 둘 모여들고
발길이 가고자 하는 그곳으로
꼬불꼬불 이어지는 것이 되었으면 했다

어느 날 아침 강줄기 하나가 뿌리로 빨려들어 갔다
두려움으로 내딛는 첫 발걸음
그렇게 앞서 간 발자국을 밟아서

길 하나 놓아진다면
끝을 모르는 그곳이 우리의 목적지라면
어린 나무들이 길이 생기는 곳으로

줄지어 따라나섰을 것이다

그러고만 싶은 나무들은
목을 길게 빼고서는
온종일 벌판을 바라보고 있는데

저 먼 한 곳에서 어떤 사람이
일몰을 등에 지고
가물가물 걸어오고 있다

이제 떠나려 하네

달빛 속에서 기침하는 겨울나무들
쿨럭대는 그림자 밟고 이 도시 떠나려 하네
검은 마스크 쓴 사람들과 마주앉아
뜨거운 액체 한 잔씩 나누고
조금 남은 정년에게도 사직서 들이밀고
아직 맺음말을 못 적어 넣은 편지 한 장
죽어가는 호흡기 속에 구겨 넣고
살아온 것 이리도 단출했던가
미련 둘 몇 가지 배낭에 담아 넣고
짧아지려는 들숨 삼키며 이제 떠나려 하네
돌아 나오는 길이 있다고도 하지만
그곳이 어디인지 말해주지는 않겠네
길 위로 마른번개 내리치는 날이면
내 걸어간 발자국 언뜻 비춰지겠지

해설

견인주의자의 초상

오정국(시인·한서대 교수)

1. 눈먼 자의 기억

번갯불에 눈먼 자는 평생토록 번갯불을 잊지 못한다. 그런가 하면, 사막의 빛이 너무 밝아 눈이 먼 떠돌이 검객은 끝끝내 고향으로 되돌아가지 못했다. 왕자웨이(王家衛) 감독의 영화 〈동사서독(東邪西毒)〉 이야기다. 살인청부를 맡은 검객은 수백 명의 마적을 마주하는데, 마적의 칼끝에서 숨을 거두며 고향 언덕의 복사꽃을 그리워했다.

'사막의 빛'이 그러하고, '번갯불'이 그러하다. '찰나의 빛'에 눈먼 자는 누구인가? 바로 시인이 아니겠으랴. 오두섭 시인이 우리 곁으로 돌아왔다. 그는 첫 시집 『소낙비 테러리스트』(문학의전당, 2010)를 통해 우리 삶의 비천한 풍경을 보여주었다. 이 시집을 두고 이하석 시인은 해설에서 "오두섭은 현실적 정황을 그려낼 뿐, 그것을 진단하고 해답을 제시하면서 새로운 삶의 전망을 내놓으려고 애쓰지 않는다. 보여줌으로써 깨닫게 하는 것"이라고 평했다.

오두섭 시의 특징은 이번 시집에서도 견지되는데, 존재론적 성찰이 깊어지고 넓어졌다. 이름 하여 『내 머릿속에서 추출한 사소한 목록들』이지만 결코 사소하지 않는, 때로는 사소하기 이를 데 없는, 이 지상의 삶에 대한 질문이 가득하다. 인간의 삶은 어떻게 존재하며, 그 존재성은 어떻게 증명되는가? 우선, 세상을 바라보는 그의 시각을 살펴보자.

불 꺼진 날이 왜 많은지, 알려고 하지 않은 창가의 밤

서쪽 외벽을 타고 온 해가 모서리로 떨어지면서 짙은 그림자를 남기며
나뭇가지들이 그곳을 기웃거리는 그때

저 창이 오늘은 왜 열려 있는지, 어쩌다가 무심코 열려서
나와 눈이 마주칠 뻔한 풍경의 계단 아래로
슬그머니 내려가서 올려다보면

혼자 레몬 즙을 짜고 있거나,
시집의 한 쪽을 반복해서 읽고 있거나,
그러다가 스르르 잠이 들었거나,
남자가 먹을 음식을 만들고 있을지도,
둘이 함께할 날들에 관해 심각한 담화를 나누고 있는 중인지도,
갑자기 외출을 서두는지도 모른다
그런 그림을 그려보는 것이다
내 화풍은 사실화에 닮아 있지만 도대체 옷을 벗지 않는 피사체들

힐끗 눈 흘겨보는 그이의 우편함
희미한 불빛에 묻어 나오는 정체 모를 소리들
아주 조금 열려져서 비밀스러운 그림자의 몸짓들
도무지 궁금한 무대 뒤쪽의 대사들

빈집 녹슨 문을 삐거덕 밀어보는 낯선 손등처럼

창을 열어젖히면 죄다 사라질 그 외로움 쪽으로 몸을 한두 번 내민 적이 있을,
먼 창 안의 삶
　　　　　　　　　　　—「타인의 삶」 전문

시인의 '메타시(metapoem)'로 읽힌다. 시의 화자는 "무심코" 열린 "창" 너머의 풍경을 본다. 누군가의 일상이 진행되고, 화자는 그 모습을 '사실화'로 그리고자 한다. 눈으로 확인되는 형상만 화폭에 옮기려는 것인데, 애당초 그것은 불가능한 꿈이다. 제목이 말해주듯, '타인의 삶'이기 때문이다. 화자 또한 이를 인지하고 있다. '~하거나' '~일지도'라는 추측이 이를 반증한다. 그러나 창 너머를 향한 시선을 거두지 않는다.

화자는 '카메라의 눈'으로 시적 대상, 다시 말해 이 세계를 바라보려 하지만 그 대상은 "옷을 벗지 않는 피사체들"이다. 따라서 "정체 모를 소리"와 "비밀스러운 그림자의 몸짓"을 통해 형상 너머의 실체를 가늠하고자 한다. 하지만 "무대 뒤쪽의" "창 안의 삶"은 여전히 저만큼의 거리를 유지하고 있다. 게다가 "창을 열어젖히면" '창 안의 것'들이 사라지고 만다. 창 너머의 풍경이 '실재계'(實在界, the real)라면, 이쪽은 '상징계'(象徵界, the symbolic)가 되겠는데, 시의 화자는 그 통로만 보여줄 뿐이다.

더욱이 창문의 저쪽은 애당초 "빈집"이었다. "녹슨 문"을 미는 "손등"은 또 어떠한가. '나의 손등'이지만 "낯선 손등"으로 표현된다. 여기엔 창문의 저쪽에서 내민 '손'이 겹쳐져 있는데, 두 손은 끝끝내 맞닿지 않는다. 시인의 세계인식의 밑바탕을 보는 듯하다. 텅 빈 세계 앞에 홀로 선 '단독자적 자아'이다. 그런 모습이 시집 곳곳에 나타난다.

    우연히 빨려든 그곳은 공포의 영역일 수도
    프레임도 없는 곳에 나를 가둔 저들은
    어떤 손이 불쑥 내 뒷덜미를 움켜잡거나
    내 앞에서 휙 사라지는 물체로

    느와르를 찍고 있는지도 몰라
    쫓기는 자와 가련한 여인이
    눅눅한 담벼락에서 재회를 기약하는 중일지도
    바닥에 희미하게 놓인 검은 가방 하나

    …(중략)…

    대사는 독백으로만, 쉿! 자막은 침묵으로만
    이따금 바늘이 뇌리를 찌르는 효과음으로만

    만약, 눈을 감아야만 보이는 것을 찍을 의도라면
    그건 내가 그린 콘티가 아닐 수도
    각본 또한 누군가에 의해 이미 편집되어 있을 것

    잡지도 못할 것을 나는 롱테이크 안에서 헤매고 다녔으니

두 눈 뜨고도 보지 못하고 흘려버린 것들에게는
카메라를 들이대지 말 것

어쩌면, 이 영화는 앤딩 크레딧이 없을 수도

다만, 희뿌연 심연에서 여태 헤어나지 못하고 있는 나를
암전 속에 그대로 빠뜨려 둘 것
　　　　　　　　　　—「안개, 영화를 찍다」 부분

　여기서도 '그곳'이다. 화자가 "우연히 빨려든" 곳이며, "나를 가둔 저들"에 의해 '내 모습'이 영화의 한 장면으로 촬영되는 공간이다. 거기, "검은 가방"이 놓여 있다. 화자는 가방을 보여주기만 할 뿐, 설명하지 않는다. 게다가 이 영화에선 타자와의 대화가 허용되지 않고, 침묵하는 문장만 "자막"으로 표기될 뿐이다.
　이 같은 상황이 시의 후반부에 이르면 역전된다. 영화를 찍고 있는 주체가 '나'로 바뀐다. 주체와 객체가 엇갈리거나 동일시되는 장면은 「혹은 역방향이거나」에도 나타난다. 기차의 창문에 비친 '그'와 창을 보는 화자가 겹쳐지고, 그 모습이 결국 화자 자신임을 깨닫게 된다. '단절'과 '투시'의 경계선인 '유리'가 '나'와 '타자'의 접점이 된다. 「안개, 영화를 찍다」에선 '카메라 렌즈'가 그 역할을 수행하는데, 이러한 물질은 시집을 읽어

내고 이해하는 중요한 단서가 된다. 즉, 물질에 의해 존재가 인식되고 전이(轉移)되고 측량된다는 것이다. 이에 대해선 차차 살펴보기로 하고 인용 시를 다시 읽어보자.

비로소 카메라를 잡게 된 화자는 자신의 "콘티"에 의해 사진을 찍는다. "눈을 감아야만 보이는 것" "두 눈 뜨고도" "흘려버린 것"은 배제된다. 즉, '눈에 보이는 것만 찍는다'는 것인데, 시인의 시작 태도를 짐작케 한다. 사물이나 풍경이 '스스로 보여주는 대로' 기술하겠다는 의지의 표명이다. 그런데 "각본은 누군가에 의해 이미 편집되어 있을 것"이라니! 그렇다면, 누구의 각본인가? 절대적 초월자인가? 신(神)의 섭리인가? 화자는 말하지 않는다. '판단정지' 또는 '불가지론'의 입장을 취할 뿐이다. 화자는 "다만, 희뿌연 심연"의 "암전 속에" 자신을 파묻어둔다. 얼핏 시인의 옆모습을 보는 듯하다.

'영화'도 그렇고, '사실화'도 그렇겠다. '찰나의 빛'을 옮겨놓는 작업이 아니랴. 시도 이와 같을 것인데, 시는 '기억의 빛'을 담아낸다. 기억은 몸으로 겪어낸 시간의 얼룩이다. 덧없이 흘러가는 시간이기에 우리는 거기에 점을 찍고 선을 긋고 구멍을 낸다. 이 시집에도 그런 구멍이 파편처럼 흩어져 있다. 롤랑 바르트의 '풍크툼(punctum)'을 연상케 한다.

2. 기억의 풍크툼

이 시집엔 '일상의 세목'들이 촘촘하게 담겨 있다. 눈앞의 현실이다. 현실은 현상과 실재를 의미하는 것. 시인은 그의 뇌리에 각인된 형상을 호명함으로써 형상 너머에 존재하는 자신의 생을 모자이크한다. '기억의 풍크툼'을 더듬는 작업이다.

'기억'이란 무엇인가? 이 시인에게 있어서의 '기억'이란 "단추백화점"이며, "별의별" "실"과 "색상과 모양이 교차하는 옷가지"(「단추의 눈」)이다. 어디 그뿐이랴. "장롱에서 삼십 년 잠에 빠진 붉은 가죽치마, 왼쪽 엉덩이에 붙어 있는 불가사리 뿔단추, 아직도 주름이 탱탱한 입술"이다. 이 시집의 시편을 통틀어 아기자기하기 그지없고, 속살거리듯이 아름다운 작품이다. 화자는 '단추'와 '나', "둘은, 오랫동안 떨어져" "서로 저 홀로 빛나는" 존재지만 마침내 "눈과 눈이 만나" "허공에" 떠오르는 "실오라기"를 보게 된다고 말한다. "존재 이유가 분명한 구멍들"이기 때문이다. 그런 '단추'에다 '눈'을 갖다 대면, "진눈깨비를 맞"고 있는 누군가가 보인다. '기억 속의 나'일 텐데, "멀리 있는 것들"의 "가슴께에서 꾸부정 걸어 나"오다니! 낯선 형상이 우리를 당혹케 한다.

그렇다, 모든 기억은 편집된 기억이다. 방부 처리된 실험관 속의 박제 같은 이미지, 즉 상처받고 훼손된 풍크툼으로 인해 우리는 세계의 고통과 아름다움을 가늠하게 된다. 기억은 그 기억을 떠올리는 순간의 생이 된다. 시인은 "가슴께에서 꾸부정 걸어 나오는" 자신을 다시 살게 되고, "낯선 손등"과 "검은 가방" 그리고 "희뿌연 심연"을 다시 보게 된다. 이번 생을 살아낸, 방부 처리된 상처들이다. 그렇다면 다음 시의 "벌레"는 어떠한가?

    뚝뚝 잘려지는 마디가 몸 어디에 붙어 있는 게 분명하다.
    시간은, 날개를 달았을 뿐인데

    그 날개인 듯
    창문을 뚫은 햇빛을 타고 들어와 내 앞에 툭 떨어진 벌레 한 마리

    파르르, 불시착의 날개를 접고는 꿈쩍 않는다.
    등딱지가 꽤 무거워 보인다.

    그러고 보니,
    여러 개의 팔다리와 무척이나 민감한 촉수, 숨 가쁜 핏줄들
    하지만 후진하는 날개는 없는 낌새다.

    불현듯 내려다보니,

햇빛의 울타리가 아까보다는 조금 좁혀진 듯하다.
내 쪽에서는, 분명 차 한 잔 데워질 무렵
저 벌레는 아직껏 햇빛 위에 그대로다.

　내가 못 본 사이 몇 걸음 걸어갔던 것. 햇빛을 따라갔거나,

　아니면 피해갔거나,

　자기 생의 한 고비를 가까스로 넘겼을 시간

　내가 졸음에서 다시 책갈피를 여는 오후 2시쯤
　　　　　　　　　―「시간은 마디를 가졌다」 전문

　화자는 끝없이 흘러가는 시간을 "마디"로 "뚝뚝" 잘라놓는다. 누구에게나 동일하게 적용되는 물리적 시간을 분절시켜 놓고, "마디가 몸 어디에 붙어 있"다고 말한다. 기억의 얼룩 또는 흉터이리라. 그 한가운데 "벌레"가 있다. 불투명한 기억을 형상화한 셈인데, 왜 "벌레"인가? 그 이유는 "불시착의 날개"와 "등딱지"를 보여주기 위해서다. 여기서 우리는 문득 '자기 앞의 생'을 떠올릴 수 있겠다. 그렇지 아니하랴. 언제나 그랬듯, 생은 "불시착"이었다.
　이 같은 "불시착"은 "우연히 빨려든 그곳"을 "불현듯"이 '이

곳'으로 바꿔놓는다. '생의 순간'이 비로소 눈앞에 현현된다. 따라서 화자는 "벌레"의 "팔다리와" "촉수, 숨 가쁜 핏줄"을 열거하며 '생명의 시간'을 노래하는데, "후진하는 날개"가 없다. "등딱지"만 햇빛을 받고 있을 뿐이다.

시인은 끝과 시작이 맞물리는 '순환적 시간'을 배제한다. 햇빛의 이동경로를 통해 '직선적 시간'을 보여준다. 눈앞의 시간이 "마디마디" 잘려서 정지될 때, 그 매듭이 곧 "자기 생의 한 고비"임을 말해준다. 이렇듯, 우리의 생은 숭고하고 찰나적이다. 찰나이기 때문에 숭고하다. 하지만 시인은 "벌레"의 "등딱지"만 우리에게 각인시킨다. 우리는 "등딱지"를 이번 생의 풍크툼으로 읽을 수 있고, '스투디움(studium)'으로 읽을 수도 있겠는데, 그 간극이 적지 않다. 구멍의 흠집을 메우거나 후비거나 방치하는 일, 그 일은 온전히 우리의 몫이다.

3. 원인불명의 생

이렇듯, 오두섭 시인은 '저쪽의 풍경'을 섣불리 해석하지 않는다. "내 쪽에서" 바라본 거리와 구멍을 보여줄 뿐이다. 그 이유가 무엇일까? 무릇 가당찮게, 실로 우연히, 해명되지 않고 해명할 수 없는 생을 마주하게 됐기 때문이리라. 앞서 살펴보았듯, 세상은 "멀고 먼 창 안의" 풍경이며 "빈집 녹슨 문"

이며 "낯선 손등"으로 표현된다. 눈앞의 "나무들은 그들만의 방법으로 우두커니 강가에 있고"(「생존을 위한 방법론」), 인간의 들숨날숨은 "세상에서 가장 이상한" "가장 불가사의한 소리"(「숨소리」)이다. "세상에서 가장 경이로운" "다른 사람과 뜨겁게 섞일 수 있는 소리"가 끼어들긴 하지만, 그 소리마저 "부지불식간에 끊어지고" 만다. 따라서 시인은 이런 괴이쩍은 풍경을 펼쳐놓는다. 화자는 병상에 누워 있다. 순식간에 끊어지고 마디마디 이어지는 링거 주사액을 보고 있다.

> 내 뜨거운 눈물일지라도 알레르기일지라도 내 몸은 좁은 관을 매달고 뚝뚝 떨어지는 이 정체 모를 수액을 샅샅이 받아낼 심산이다. 나는 슬픔의 부족들이 종신형을 살고 있다는 마을로 숨어들 것이다. 몇 사람이 어둑어둑 이쪽으로 걸어온다. 지나치면서 보니 거꾸로 서 있는 나무들이다. 뿌리들이 붉은 운무를 빨아먹고 있는. 그 사람들을 애타게 찾는데 새들이 날아오르고 푸른 안개가 빈 둥지를 틀고 있다. 어떤 동굴 속으로 들어가니 내가 찾는 사람들이 한 줄로 서서 울고 있다. 또 나무들이다. 머리가 아파서 나는 노래를 불렀다. 잠 속이 아니었는데 심박 소리가 마구 흔들어 깨웠다. 찢어진 손목 혈관에서 검은 벌레들이 뚝뚝 떨어졌다.
> ―「제목을 붙일 수 없는」 전문

시의 제목이 암시하듯, 기이한 몽환 같다. 화자는 "슬픔의 부족들이 종신형을 살고 있다는 마을"로 가고자 한다. 그쪽으로 다가가는 '나'와 "이쪽으로 걸어"오는 "몇 사람"이 교차된다. 화자는 이윽고 "어떤 동굴", 즉 "슬픔의 부족들"의 "마을"로 잠입하여 자신이 "찾는 사람들"을 만나게 되는데, 이게 무슨 말인가? "나무들"이라니!

나무이든 사람이든 "슬픔의 부족"이다. 따라서 두 항목을 동일시할 수 있다. 문제는 화자가 끝끝내 '사람의 얼굴'을 마주하지 못한다는 사실이다. 복수로 표현된 "내가 찾는 사람들"이란 바로 화자 자신일 터, 그 자신이 나무처럼 도열해 있다는 의미로 읽힌다. 나무엔 "붉은 운무"와 "새"와 "푸른 안개"가 중첩되어 있다.

화자는 "잠 속이 아니"라고 진술하지만 꿈과 현실이 뒤섞여 있다. "정체 모를 수액"이 이를 말해주는데, 화자는 '링거 주사액'을 "내 뜨거운 눈물"이라고 부르는가 하면, "혈관에서" 떨어지는 "검은 벌레"를 보여준다. 게다가 링거 주사의 투명한 줄을 굳이 '관'이라고 칭한다. 생명을 순환시키는 '혈관'과 주검을 안치시키는 '관'을 떠올리게 한다. 그 '관'을 "샅샅이 받아"내고 견디는 자세, 이게 바로 견인주의자의 초상이 아니겠으랴! 우리는 진즉 "희뿌연 심연"의 "암전"을 견뎌내는 시적 주체를 목도했던 바, 그때 얼핏 견인주의를 떠올렸다면,

「눈물이 싱거워질 때까지」가 이를 좀 더 명료하게 입증해줄 듯하다.

「눈물이 싱거워질 때까지」는 '소금'과 '나'의 '계약서'를 보여준다. '소금'은 "소멸"과 "환생"을 거듭하는 "불사의 생명"이고, '나'는 "지구상의" "동식물"을 "먹어치우는/포식자"이다. 하지만 '소금'은 "내 몸이 요구하는" 만큼만 '나'에게 머문다. 화자는 "절정의 짠맛을 혀로 핥"기도 하지만 "눈물이" "혀끝에서 싱겁게 느껴질 때까지" '소금'과의 '계약'을 "몸 깊숙한 곳에 염장해두"려 한다. "소금도 목이 마를 때가 있"고 '나' 또한 그렇겠지만 적정량의 '염분'을 유지하려는 의지를 표명한다. 그 이유는 "태어나기도 전에 이미" "계약을 맺어놓"았기 때문이다.

시인은 그 까닭을 말해주지 않는다. 그가 바라보는 세상은 여전히 '영문 모를 사건'이며, '원인불명'으로 존재하기 때문이다. 여기, 길을 잃은 아이가 있다. "에스컬레이터"에서였던가, "세일을 외쳐대는 매대 앞"인가? 아이는 실종됐지만 아이의 어머니는 "폐쇄회로에" "저장되지 못했기에" "아이가 입장하지 않았다"(「실종에 관한 또 다른 논증」)고 믿는다. 아니, 믿고 싶어 한다. 그렇다면, 아이의 행방은?

우리의 생은 오리무중이다. 증거불충분이다. 증거불충분의 증거를 찾으려는 몸부림인지도 모른다. 아이를 잃었기에 아이를 찾고, 아이를 잃고 나서야 아이를 깨닫는 아이러니! 우리는 이렇게 살고 있고, 살아내야 한다.

그리하여 시인은 이런 '미스터리한 사건'을 펼쳐 보이는 것이리니, 「그날 펜션에서 눈 속에 파묻은 진술들」이다. 여기, "여섯 명의" 투숙객이 회갑파티를 벌이고 있다. 그 행동이 제각각이다. 술을 마시거나 춤을 추거나 밀담을 나눈다. 눈길을 "뚫고 오겠다"거나 "스스로 제비를 잡"고는 펜션 밖으로 사라지기도 한다. "1미터가 넘는" 폭설이 길을 뒤덮는데, 화자는 "순식간의" "명백"한 "일"이라고 진술한다. 그러면서 "확실과 불확실의 모든 게 사실인 것 같고"라고 덧붙인다. 자못 애매한 언술이다. '확실'과 '불확실'이 불확실하고, '과거'와 '현재'가 뒤섞이고, '사실'과 '허구'가 불분명하다.

이토록 막막한 생이 또 어디 있으랴. 펜션 투숙객도 그렇거니와, 우리는 "하나 둘 모여"든 "눈먼 사람들"이며, "아득한 그곳" "끝을 모르는 그곳이 우리의 목적지"(「나무에는 길의 유전자가 있다」)이다. 우리의 생은 "졸다가 황급히 내려버린 막차"로 비유되고 "언덕을 내려오는 눈먼 사람의 흰 지팡이"(「내 안의 고요」)로 표현된다. '막차' 또는 '지팡이'로 언표된 '지상의 삶'은 급기야 다음과 같은 시를 낳기에 이른다.

    땅속 깊이 침묵의 자물쇠를 채워 넣어두고 싶은 금덩이—999돈
    가시덤불에 유기한 아기 복숭아, 두 개 빠진 앞니로 깨

문 자국 선명한—33입

　내 귓속에 살고 있는 귀뚜라미와 매미의 어림잡은 나이—스물아홉 살

　아, 지나쳤잖아, 먼 길 돌아오느라 해져서 내다버린 발자국—4,288켤레

　눌러도 자꾸만 떠오르는 물속 풍선 고집—2,251봉지

　하반신만 둥둥 떠내려가는 유실물—185점

　붉은 바람에 쫓기다가 철조망에 걸려 말라붙은 살점—747그램

　첫사랑의 뒷모습을 좇다가 전봇대 전단지에 부딪힌 머리—지금 막 떠오른 그 전봇대 고유번호 1789E-012

　웅덩이 속에서 머리만 내밀고 있는 욕망의 물방울—728기포

　실행에 옮기지 못하고 분쇄기에 쑤셔 넣은 연중 계획서—44년치 5,503자루

　몇 발짝 못 떼고 곧바로 후회한 발걸음—2,670회. 단 먼 훗날 크게 후회한 것 제외

　고속철에 실려 터널을 빠져나오는 천둥소리—23만5천 데시빌—번개는 이미 사라져버림

　내 이마를 치고 도망간 술 취한 아스팔트 길—36개 가로등

　허공을 안개비처럼 떠도는 생각 부스러기들—∞

지어놓고 써먹지 못한 거짓말—400여 개, 감쪽같이 성
공한 6,400여 개, 아슬아슬하게 넘어간 360여 개, 나중에
들통 난 거짓말—50여 개
 껌 속에 넣어 씹다가 낡은 벽지에 붙인 별빛들—66광년
이밖에 적출하지 못한 영혼의 폐기물—21그램

 부록: 비좁고 깜깜하고 끈적한 그 길을 뚫고 나와서 처
음으로 맞닥뜨린 빛의 얼굴들—내 생의 최초 어쩌면 최후
의 것이기를 바라는 기억
— 「내 머릿속에서 추출한 사소한 목록들」 전문

 숫자들의 나열이 흥미롭다. 시적 주체의 기억을 물질의 중량과 길이, 개수로 바꿔놓았다. 시인은 왜 이런 방식을 도입한 것일까? "안개비처럼 떠도는 생각"과 "적출하지 못한 영혼", 다시 말해 다분히 추상적이고 유동적이고 불확정적인 실체를 계측하기 위해서다. 그 결과, "유실물"의 "하반신"을 비롯해 "철조망"의 "살점", "껌 속에 넣어 씹"은 "별빛" 등 상처받고 훼손된 생의 기억이 냉혹하리만큼 명료하게 현시(顯示)된다. 수치들이 이를 입증한다.
 이렇듯 우리는 선험적 주관성을 배제한 채 객관적 현상이나 사물을 통해 '불가해한 생'을 탐문해온 오두섭 시인의 시세계를 살펴보았다. 원인불명의 세계 앞에 던져진 그의 '실존적

자아'는 그만의 방법으로 존재론적 성찰을 거듭하였고, "우연히 빨려든 그곳"의 삶을 '지금, 이곳'으로 끌어당겨 놓았다. 그는 섣불리 '초월적 자아'를 꿈꾸지 않았다. '잠언(箴言)'을 배제했고, 전근대적 자족적 휴머니즘의 '가족서사(敍事)'나 '자연 매트릭스(Matrix)'를 지향하지 않았다. 특기해둘 만한 특징들이다.

　이 글의 막바지에 이르러 서두를 되짚어보면, 사막의 빛이 너무 밝아 눈을 다친 떠돌이 검객이 있다고 했던가. 모래밭에 쓰러져 숨을 거둘 때까지 고향 언덕의 복사꽃을 잊지 못했다던가. 복사꽃 흩날리는 이즈음, 한 권의 시집을 들고 우리 곁에 나타난 시인 오두섭. 그의 머리 위에선 여전히 "죽은 것들"이 "불태워"(「흐린 날」)지고, 눈앞의 타이어는 "길바닥 타는 냄새"(「이별은 제동거리가 길다」)를 풍긴다. 하지만 어이하랴. 지상의 "슬픔과 고통은 아직 몸져눕지 않았"(「허공을 팠다」)으니, 그는 그의 언어를 이어가리라. 시집 속의 누군가가 말했듯이 "어느 순간 떠돌이별처럼 자유로워지면 언어는 언어의 방식대로 나를 기억하"(「삶에게 묻다」)리라고 믿고, 또 믿으며.

시인동네 시인선 150

내 머릿속에서 추출한 사소한 목록들

ⓒ 오두섭

초판 1쇄 인쇄 2021년 4월 12일
초판 1쇄 발행 2021년 4월 19일

지은이 오두섭
펴낸이 김석봉
디자인 헤이존
펴낸곳 문학의전당
출판등록 제448-251002012000043호
주소 충북 단양군 적성면 도곡파랑로 178
전화 043-421-1977
전자우편 sbpoem@naver.com

ISBN 979-11-5896-511-2 03810

*이 책의 판권은 지은이와 문학의전당에 있습니다.
*양측의 서면 동의 없는 무단 전재 및 복제를 금합니다.
*잘못 만들어진 책은 바꿔드립니다.